10 avril 1854.

CATALOGUE

D'UNE JOLIE COLLECTION

DE

MAJOLIQUES ITALIENNES

DES DIVERSES FABRIQUES

DES XVe & XVIe SIÈCLES,

VERRERIES VÉNITIENNES

BRONZES ITALIENS

Et Curiosités diverses

PROVENANT

Du Palais de Mme la Comtesse BALDONIRETTI, de Florence,

lis Baldovinetti !

DONT LA VENTE AUX ENCHÈRES PUBLIQUES AURA LIEU

HOTEL DES COMMISSAIRES-PRISEURS,

RUE DROUOT, 5,

Salle n° 4,

LES LUNDI 10 ET MARDI 11 AVRIL 1854, A MIDI.

Par le ministère de Me **RIDEL**, Commissaire-Priseur,
rue Saint-Honoré, 355,

Assisté de M. **ROUSSEL**, Expert, rue du Dragon, 55,

Chez lesquels se distribue le présent Catalogue.

EXPOSITION PUBLIQUE

Le Dimanche 9 Avril 1854, de midi à 4 heures.

—

1854

Exemplaire de Beurdeley père.

Conditions de la Vente.

———

Elle sera faite au comptant.

Les acquéreurs paieront, en sus des adjudications, cinq centimes par franc, applicables aux frais.

———

ORDRE DE LA VENTE.

On suivra l'ordre numérique indiqué dans chaque vacation.

DÉSIGNATION

DES OBJETS.

PREMIÈRE VACATION

Du lundi 10 avril.

1 — Deux bouteilles de chasse ornées de Syrènes en relief, émaillées en blanc, de chaque côté une armoirie en couleur. H., 32 c.

2 — Plat ovale, découpé à jour, à dessins camaïeu bleu sur blanc.

3 — Vase très-curieux, entièrement découpé à jour, émaillé en blanc. H., 32 c.

4 — Corbeille découpée à jour, émaillée en blanc. D., 30 c.

5 — Plateau à piédouche, à dessins camaïeu bleu, au centre un blason peint en jaune. D., 29 c.

6 — Plat dit cuppa amatoria, émaillé en blanc, à dessins bleus, au centre une armoirie. D., 25 c.

7 — Coupe à piédouche, fond vert clair, décorée de fleurs peintes en jaune. D., 28 c.

8 — Grand plat à côtes disposées en rosace, décoré de figures, fleurs et animaux peints en couleurs. D., 47 c.

9 — Une aiguière, de forme très-élégante, émaillée en blanc; sur la panse deux Amours supportent un écusson aux armes des Médicis. H., 28 c.

10 — Autre aiguière, à peu près de même forme, à dessins bleus sur fond blanc. H., 26.

11 — Petite coupe découpée à jour, avec monogramme du Christ.

12 — Vase à une anse, à jeu hydraulique; le haut du vase est découpé à jour et la panse ornée d'un blason émaillé bleu. H., 20 c.

13 — Deux plats ronds à trophées, en grisaille sur fond bleu, l'un avec date de 1570, l'autre avec celle de 1550. Fabrique de Faenza. D., 23 c.

14 — Grand plat, de la fabrique d'Urbino, remarquable par la beauté de l'émail qui imite un marbre brun veiné de vert et de blanc. D., 34 c.

15 — Plat rond, aux armes des Médicis, entourage d'arabesques sur fond blanc. Fabrique de Faenza. D., 27 c.

16 — Médaillon rond provenant d'un fond de plat, représentant Moïse frappant le rocher. D., 14 c.

17 — Bouteille à long col, à dessins camaïeu bleu, fleurs et oiseaux, avec l'armoirie d'un

cardinal, dans laquelle figurent trois mesures de vin et au-dessus cette inscription : *Fac sign vin bonum*. H., 30 c.

18 — Aiguière à dessins camaïeu bleu, l'anse est ornée d'un mascaron. H., 26 c.

19 — Grand vase à une anse, décoré de fleurs de pavots; sur le milieu de la panse une armoirie dans une couronne de feuillages. Fabrique de Faenza. H., 35 c.

20 — Vase à ouverture très-évasée, à dessin camaïeu bleu. H., 20 c.

21 — Plat festonné, avec ornements découpés à jour, et dessins camaïeu bleu. D., 28 c.

22 — Petit plat de la fabrique de Pesaro, décoré de fleurs à reflets irisés. D., 22.

23 — Joli petit vase de forme bizarre, à quatre goulots et anse surélevée, formant en même temps l'embouchure pour introduire le liquide. Ce vase curieux est émaillé en brun. H., 27 c.

24 — Petite coupe, forme coquille, émaillée en vert uni; deux petites anses latérales sont formées par des Dauphins.

25 — Coupe ronde, dont le pied manque; elle est décorée en dedans et en dehors de paysages avec ruines très-finement peints. Fabrique d'Urbino. D., 15 c.

26 — Figure grotesque portant une coquille. Fabrique de Faenza. H., 16 c.

27 — Vase à une anse, à décor moresque émaillé en bleu et jaune, à reflets dorés, sur le milieu de la panse un chiffre en lettres gothiques. H., 33 c.

28 — Beau plat de même décor, au centre un blason avec fleurs de lys. D., 44 c.

29 — Plat orné d'arabesques en rosace, peints en jaune, à reflets irisés rehaussés de bleu. Fabrique de Pesaro. D., 28 c.

30 — Petit plat de même fabrique, à ombilic sur lequel est représenté saint François en prière, émail jaune verdâtre à reflets irisés. D., 28 c.

31 — Joli petit vase à deux anses, à décor jaune verdâtre à reflets irisés rehaussés de bleu. Même fabrique. H., 23 c.

32 — Autre vase de même forme et de même fabrique. H., 26 c.

33 — Deux vases à une anse, décorés dans le style moresque de feuillages émaillés en bleu et en jaune à reflets métalliques, sur le devant un blason. H., 36 c.

34 — Grande coupe à décor moresque très-riche, émaillé en bleu et jaune à reflets dorés et irisés; le bord est muni de quatre petites anses qui semblent destinées à la suspendre, le revers présente des ornements jaunes métalliques. D., 46 c.

35 — Grande et belle bouteille de chasse de forme aplatie, ornée de chaque côté, par de riches écussons armoriés, dont un porte

des fleurs de lys et l'autre les armes des Médicis; le reste de la panse est couvert d'arabesques. Fabrique de Faenza. H., 39 c.

36 — Vase à deux anses avec goulot, décoré d'arabesques et de fleurs peintes en jaune, sur fond blanc, au centre un médaillon avec figure de saint. H., 39 c.

37 — Autre vase semblable et de même proportion.

38 — Plat rond. La peinture représente le martyre de sainte Catherine, au revers une inscription indique le sujet avec la lettre X, signature du peintre Xanto et la date de 1535. Fabrique d'Urbino. D., 26 c.

39 — Plat rond. Argus endormi au son de la flûte de Mercure, qui est représenté en berger. Même fabrique. D., 22 c.

40 — Grand plat. La Peinture représentant Apollon et les Muses sur le mont Parnasse, d'après Raphaël. Au revers on lit : *Monte Parnaso.* Fabrique d'Urbino. D., 49 c.

41 — Bas-relief carré représentant la Vierge tenant l'enfant Jésus debout sur ses genoux. Les chairs sont légèrement teintées, les vêtements et draperies colorés en bleu et en jaune, ainsi que les autres parties du bas-relief. Au-dessous du sujet on lit : FECIT FARE DOMINICO DANI ALLA MADANA, 1578. Dans l'angle à droite

du bas-relief, une petite peinture représentant une sainte porte cette inscription : *Santa Lucia*. Cadre en bois sculpté. Fabrique de Faenza. H., 45 c., larg., 35 c.

42. — Petit plat entièrement couvert d'ornements à entrelacs, à couleurs changeantes bleu et rouge feu. Fabrique de Gubbio. D., 22 c.

43 — Vase à deux anses, décoré d'arabesques jaunes-verdâtres à reflets irisés rehaussés de bleu; le col présente de chaque côté un médaillon où est inscrit : *Madalena*, et au-dessus une couronne ornée de fleurons. Fabrique de Pesaro. H., 34 c.

44 — Autre vase de même forme et de même fabrique, également décoré d'arabesques aux couleurs irisées; les médaillons présentent la lettre N surmontée d'une couronne. H., 33 c.

45 — Très-joli plat, dit cuppa amatoria: au fond est une armoirie émaillée en bleu sur fond jaune; le bord est décoré d'arabesques délicates et du plus beau style, en couleurs variées sur fond bleu, avec date de 1519 et les initiales S. P. Q. R. deux fois répétés.

Cette pièce, d'une beauté remarquable, appartient à la fabrique de Faenza. D., 25 c.

46 — Belle coupe ronde, peu profonde, représentant la Descente de croix, d'après Ra-

phaël. Cette peinture, remarquable par le dessin et la beauté des couleurs, peut être attribuée au célèbre artiste *Xanto*. Au revers on lit : *1542, qui se demastra côme il nasara.* Fabrique d'Urbino. D., 27 c.

47 — Très-joli plat. Au centre, sur un fond jaune, deux Amours dont un est traîné par l'autre dans un chariot, le bord est orné de jolies arabesques en couleurs vives et variées sur fond bleu. Ce charmant plat, d'une conservation parfaite et d'un bel émail, est de la fabrique de Faenza. D., 23 c.

48 — Plat (cuppa amatoria). Au centre un Amour appuyé sur son carquois. Belle bordure d'arabesques en émaux à couleurs changeantes et rouge feu avec rehauts de vert sur fond bleu. Cette pièce, remarquablement belle, est de Maestro Georgio. D., 27 c.

49 — Grand plat à fond bleu, décoré d'arabesques en jaune, dans le style de Raphaël. Au centre une armoirie, au revers est la date de 1595. Fabrique de Faenza D., 43.

50 — Joli petit plat à sujet mythologique, dont la peinture est de couleur très-vigoureuse, et d'un bel émail. Dans le haut est un écusson aux armes de la famille Colonna. Au revers on lit : *Bione conesso infiama per amor.* Fabrique d'Urbino. D., 24 c.

51 — Deux petits plats (cuppa amatoria), ornés sur les bords d'imbrications en forme d'écailles de poisson, en couleur bleue et jaunâtre rehaussées de blanc, à reflets irisés. Fabrique de Pesaro. D. 21 c.

52 — Jolie aiguière de forme élégante et de style oriental décorée de feuillages émaillés en bleu et en jaune à reflets métalliques sur fond blanc, dans le goût moresque; sur le devant au-dessous du goulot on lit : OLIO. Cette pièce rare appartient à la fabrication dite hispano-arabe. H. 25 c.

53 — Très joli plat avec portrait de femme au centre, le bord est divisé en compartiments à fond de couleurs variées et diversement décorés. Pièce d'un joli effet et d'un bel émail. Fabrique de Faenza. D. 24 c.

54 — Très joli plat. Au centre, un Amour assis sur son carquois; le bord est orné d'arabesques en blanc, réservés sur fond bleu. Cette pièce, remarquable par la beauté du style des ornements, peut être attribuée à *Maestro Georgio*. D. 24 c.

55 — Plat dit cuppa amatoria. La peinture représente Vulcain forgeant les armes de l'Amour. Fabrique d'Urbino. D. 21 c.

56 — Grand plat dont la peinture représente Tobie et l'ange Raphaël. Ce sujet est entouré d'une double bordure de trophées, peinte en grisaille, sur fond bleu

clair ; sur un écusson sont inscrites les lettres S. P. Q. R. Cette pièce est remarquable par la beauté de son ensemble. D. 40 c.

57 — Beau plat représentant la Madeleine et le Christ. Belle composition d'après Raphaël. Fabrique de Faenza. D. 26 c.

58 — Grand plat présentant le sujet des Israélites en Terre Promise. Très belle peinture et bel émail. Au revers, on lit : *Matto a tugo per dimostrare sua infinita potenza e cosi apparire più glorioso.* Fabrique d'Urbino. D. 46 c.

59 — Jolie coupe dont le pied manque, décorée sur les deux côtés d'arabesques du plus beau style de Raphaël, sur fond blanc. Au centre est un médaillon où sont représentés trois jeunes guerriers. Cette pièce, d'une grande finesse d'exécution et d'un bel émail, offre un ensemble parfait. Fabrique d'Urbino. D. 23.

60 — Petite coupe à fond bleu avec buste de jeune homme casqué; sur une banderolle on lit : *Glaveo*. Cette pièce, d'un beau dessin et d'un beau coloris, est de la plus grande finesse. Fabrique d'Urbino. D. 21 c.

61 — Belle coupe en verre bleu de Venise, du xvᵉ siècle, décorée extérieurement d'une bordure d'ornements en émaux de couleur

sur fond imbriqué et doré. Cette belle pièce est d'une conservation parfaite et très rare. D. 24 c. H. 15 c.

62 — Autre belle coupe en verre de Venise de même époque. Verre blanc décoré d'émaux de couleur sur imbrication dorée. D. 27 c. H. 16 c.

63 — Coupe en verre opaque bleu turquoise; fabrique de Venise du xv° siècle décorée d'arabesques en émaux rehaussés de dorure. Cette pièce est de la plus grande rareté, mais malheureusement fracturée. D. 23 c. H. 15 c.

64 — Grande coupe en verre blanc de Venise. à côtes en spirales, pied bleu, moucheté d'or. Le bord de la coupe est orné de deux filets bleus. D. 29 c. H. 18 c.

65 — Autre grande coupe en verre blanc de Venise, ornée de filets bleus. D. 30 c. H. 17 c.

66 — Quatre gobelets en verre blanc, décorés de fleurs émaillées en couleurs.

67 — Deux verres vénitiens en verre blanc uni, de forme très élégante.

68 — Cruche en grès de Flandre, ornée de rosaces, grise en relief sur fond émaillé bleu. H. 32 c.

69 — Autre cruche flamande en grès brun ornée d'un bas-relief représentant l'histoire de Suzanne. H. 32 c.

70 — Petite cruche en grès gris, ornée d'un mascaron en relief. H. 21 c.

71 — Une coupe en ancienne porcelaine Céladon blanc du Japon; elle a la forme d'une feuille de nénuphar; à l'intérieur, un petit crabe.
72 — Joli petit flacon en émail de Saxe, fond vert décoré de fleurs, avec médaillons à paysages très finement peints; il est garni en argent.
73 — Buste d'empereur romain en marbre blanc. Travail du XVIe siècle.
74 — Urne antique en albâtre rubané, oriental.
75 — Deux vases forme de pomme de pin, émaillés en brun. Fabrique de Faenza. H. 22 c.

DEUXIÈME VACATION,

Mardi 11 Avril.

76 — Coupe à trois lobes, ornée de mascarons en relief, entièrement émaillée en blanc; à l'intérieur, une armoirie soutenue par deux femmes assises, peinte en couleur. H. 23 c. D. 34 c.
77 — Vase à une anse en faïence de Perse, fond verdâtre décoré de fleurs. H. 27 c.
78 — Deux vases forme bouteilles, à dessins camaïeu bleus et une aiguière du même décor.
79 — Un vase en faïence de Delft à dessins bleus, et une bouteille de chasse, forme de couronne.

80 — Plat ovale, fond blanc décoré d'arabesques en grotesques ; au centre un médaillon. Fabrique de Faenza.

81 — Deux bouteilles de chasse, ornées de Syrènes en relief, émaillées en blanc, rehaussées de quelques ornements jaunes et blancs. Fabrique de Faenza. H. 33 c.

82 — Deux grands vases de pharmacie, avec anses et goulean décorés d'arabesques en jaune et de médaillons où sont représentés des saints. Fabrique de Faenza. H. 40 c.

83 — Vase à une anse, décoré de fleurs, avec écusson aux armes des Médicis. Fabrique de Faenza. H. 40 c.

84 — Deux bouteilles de chasse, émaillées en blanc, avec ornements en relief. Même fabrique. H. 33 c.

85 — Beau bassin, faïence de Perse, décoré de fleurs en bleu pâle sur fond bleu foncé, bel émail. D. 40 c.

86 — Un citron avec une partie de sa branche. Fabrique de la Robbia.

87 — Une pomme. Même fabrique.

88 — Un vase à anse chimérique, ayant la forme d'une botte, l'ouverture est formée par une gueule de lion, émail blanc avec rehauts de bleu et de jaune. H. 25 c.

89 — Une coupe remplie de fruits et de fleurs de ronde bosse. Fabrique de la Robbia. D. 25.

90 — Vase à une anse, d'un beau décor, à dessins camaïeu bleu sur blanc. H. 22 c.

91 — Vase de forme basse, émaillé en blanc; à l'intérieur, Vénus et l'Amour peints en bleu ; au pourtour, une guirlande de fleurs.

92 — Vase de forme élégante, émaillé en blanc; les anses formées par des enroulements très délicats se terminent par des mascarons; sur la panse des blasons peints en couleur. H. 44 c.

93 — Grand plat émaillé en blanc, avec riches armoiries peintes en couleur. D. 55 c.

94 — Deux bouteilles à longs cols, émaillées en blanc, ornées de blasons en couleur. H. 25 c.

95 — Vase à une anse, en faïence de Perse, à bandes d'ornements, bleu et vert pâle sur fond blanc, bel émail brillant. H. 26 c.

96 — Autre vase à peu près semblable.

97 — Grand vase à deux anses, avec gouleau sur le haut de la panse, entièrement couvert d'arabesques jaunes rehaussées de bleu sur fond blanc; au bas du vase est un écusson aux armes du marquis Caponi, de Florence. Fabrique de Faenza. H. 42 c.

98 — Petit plat à décor de style moresque, en jaune à reflets métalliques rougeâtres sur fond blanc. D. 26 c.

99. — Plat rond, représentant la Justice, bordure de trophées peinte en jaune sur fond bleu. Fabrique de Faenza. D. 29 c.

100 — Plat à dessins d'entrelacs, camaïeux bleus sur fond blanc. Même fabrique. D. 35 c.

101 — Deux plats semblables, le fond imité de la mosaïque, ornements bleus et jaunes sur le bord. Même fabrique. D. 26 c.

102 — Coupe à piédouche, à côtes saillantes et ornements faisant relief, au centre une armoirie. Fabrique de Deruta. D. 30 c.

103 — Petit plat de la fabrique de Pesaro, décoré de feuillages à reflets irisés. D. 24 c.

104 — Plat rond, au centre un Amour debout; le bord est orné de trophées en grisaille sur fond bleu. Fabrique de Faenza. D. 24 c.

105 — Plat rond, avec sujet mythologique; d'un beau dessin et peint en couleurs vives; une inscription au revers indique le sujet. Fabrique d'Urbino. D. 28 c.

106 — Autre plat rond faisant pendant du précédent; le sujet représente les divinités aquatiques. Peinture d'un beau dessin et de couleurs vigoureuses. Au revers une inscription indique le sujet. Même fabrique. D. 23 c.

107 — Joli plat, représentant les Anges chassés, composition singulière, très bel émail. Au revers la date MDXXX2. Fabrique de Faenza. D. 24 c.

108 — Coupe festonnée représentant Moïse frappant le rocher. Au revers on lit : *Quahilo Moise precose la pietra*. Fabrique d'Urbino. D. 26 c.

109 — Plat dont la peinture représente un sujet historique, beau dessin et couleur vigoureuse. Au revers on lit : *Non recuso il morri per caltri viva*, *1544*. Fabrique d'Urbino. D. 25 c.

110 — Coupe à piédouche représentant Diane sur un nuage, perçant de ses traits les fils de Niobée. Fabrique d'Urbino. D. 27 c.

111 — Plat (cuppa amatoria). La peinture représente une jeune femme subissant l'opération d'un dentiste assisté d'un aide, en présence de deux assistants. Fabrique d'Urbino. D. 24 c.

112 — Coupe à piédouche. La peinture représente l'école de Copernic, composition d'un grand nombre de figures et d'un beau dessin, couleurs vigoureuses et bel émail. Fabrique d'Urbino. Cadre en bois sculpté. D. 24 c.

113 — Coupe à piédouche, représentant Diogène visité par Alexandre. Au revers on lit : *Diogene E Alesandre manie*, *1545*. Fabrique de Faenza. D. 24 c.

114 — Joli petit plat rond de la fabrique de Pesaro, avec armoirie au centre; le bord est orné d'arabesques divisées par quatre

médaillons où sont peints deux bustes en regard et des animaux ; bel émail à reflets irisés. D. 21 c.

115 — Petit plat dit *cuppa amatoria*. Au centre un buste de moine peint en grisaille; sur le fond jaune on lit : *Fra Piero*, le bord est orné de trophées en grisaille sur fond bleu. Fabrique de Faenza. D. 19 c.

116 — Bassin à bord droit et ombilic avec armoirie, décoré d'ornements peints en jaune à reflets rouges cuivreux sur fond blanc, style moresque; le bord est orné de godrons en relief. D. 40 c.

117 — Autre bassin à peu près semblable, mais un peu plus pâle. Même fabrique. D. 38 c.

118 — Vase à deux anses et long col, de style moresque, décoré de fleurs et d'oiseaux en couleur rougeâtre au reflet métallique très vif, sur fond blanc. H. 30 c.

119 — Plat à ombilic, décoré de branches de chêne émaillées en jaune sur fond vert; au milieu un Satyre jouant d'un instrument de musique. Fabrique de Faenza. D. 42 c.

120 — Plat à ombilic, de style moresque; les ornements en jaune à reflets métalliques; le bord est orné de godrons à relief. D. 37 c.

121 — Coupe profonde, présentant l'enlèvement de Ganymède, en présence de ses compagnons de chasse. Au revers on lit : *Di Ganimedo*. Fabrique d'Urbino. D. 25 c.

122 — Grande coupe peu profonde, la peinture représente la Dispute au Temple. Au revers la date 1632. Fabrique de Faenza. D. 28 c.

123 — Plat rond, présentant le dévoûment de Curtius. Sur l'étendard qu'il tient on lit : S. P. Q. R. Fabrique d'Urbino. D. 28 c.

124 — Très belle coupe de style moresque, à piédouche élevé et de forme élégante, décorée de fleurs émaillées en bleu et en jaune, aux reflets métalliques très vifs. Cette pièce, d'une parfaite conservation et du plus bel effet, a, au centre, en lettres gothiques, le monogramme du Christ. H. 23 c. D. 31 c.

125 — Grand plat de même décor et de même fabrique, portant aussi le monogramme du Christ. D. 45 c.

126 — Grand bassin de style moresque, avec ombilic sur lequel est un blason : le fond décoré d'ornements divisés par compartiments, est entouré de l'inscription suivante : *In principio erat Verbum*, plusieurs fois répétée ; le bord est orné de feuilles de trèfle imprimées en creux et émaillées en blanc. Tous les ornements de cette belle pièce sont peints en jaune à reflets métalliques très vifs, avec une netteté peu ordinaire dans cette fabrication. D. 52 c.

127 — Coupe festonnée, la Conversion de saint Paul, peinture à couleurs vives et bel émail. Au revers on lit : *S. Paulo chonverso*. Fabrique d'Urbino. D. 30 c.

128 — Plat rond, dit *cuppa amatoria*, au centre un Amour sur fond bleu, le bord est décoré d'arabesques peintes en jaune à reflets métalliques rouge-feu.

Cette jolie pièce est signée, au revers, du monogramme et du paraphe de Maestro Georgio, avec date de 1528. D. 26 c.

129 — Très joli petit plat à fond bleu, au centre un Amour, le bord est orné d'arabesques à reflets métalliques et rouge-feu, sur fond bleu. Au revers la date de 1527. Cette jolie pièce de majolique est de Maestro Georgio. D. 24 c.

130 — Plateau rond, représentant la Conversion de saint Paul, peinture fine et bel émail. Fabrique de Faenza. D. 24 c.

131 — Grande coupe festonnée, la Peinture représentant la Nativité du Christ, très belle couleur et bel émail. Au revers on lit : *Nativita di Jesu-Christo*. Fabrique d'Urbino. D. 30 c.

132 — Plat représentant le sujet de Deucalion et Pyrrha repeuplant la terre au moyen de pierres qu'ils jettent derrière eux. Fabrique d'Urbino. D. 25 c.

133 — Grand plat de style moresque, décoré de fleurs émaillées en bleu et jaune à reflets

métalliques, sur fond blanc, au centre un écusson aux armes de Castille. D. 45 c.

134 — Autre grand plat du même style, décoré de feuillages alternés bleu et jaune, à reflets métalliques, au centre un blason. D. 44 c.

135 — Grand plat de la fabrique de Pesaro, au centre un pélican avec ses petits, le bord orné d'imbrication à écailles de poisson, émail à reflets irisés, jaune-verdâtre rehaussé de bleu. D. 41 c.

136 — Autre plat de même fabrique et même décor; au milieu deux mains unies, symbole de la bonne foi, au-dessus une couronne; au bas, sur une banderole, on lit : Nō CEP-VEEDE. D. 41 c.

137 — Vase indien très curieux en étain gravé, et avec des incrustations en cuivre, il est, dit-on, le *fac simile* du tombeau de saint François Xavier.

138 — Beau Christ en bronze florentin, attribué à Jean de Bologne, il est d'une grande finesse de modelé et d'une belle patine.

139 — Très beau cadre de miroir en bois sculpté du XVIe siècle, orné de cariatides, de mascarons et de sphinx, avec enroulements et guirlandes de fruits, le tout d'un beau style et d'une bonne exécution. Travail italien. H. 50 c. L. 38 c.

140 — Grande amphore en terre grise, peinte en noir, trouvée en 1690, près de Marti. H. 75 c.

141 — Très grand vase à deux anses tordues, muni de son couvercle, et orné de tubercules, terre grise assez légère, probablement de l'ancienne fabrique de Chiusi. H. 90 c.

142 — Autre vase semblable.

143 — Vase à trois anses, muni de son couvercle, avec ornement en relief. Même fabrique. H. 60 c.

144 — Autre vase de même forme, moins grand.

145 — Environ trente vases, de formes variées et de diverses grandeurs, en terre grise de même fabrique, seront vendus par lots.

146 — Espèce de Rhiton en terre rouge, rehaussé de détails peints en blanc. Travail oriental.

147 — Vase en terre grise décoré de peintures. Fabrique orientale.

148 — Quantité de petits vases de formes variées et de diverses grandeurs en terre rouge, de fabrique orientale, seront vendus par lots.

149 — Environ cent pièces en faïences de diverses fabriques, seront vendues par lots, au commencement et à la fin de chaque vacation.

150 — Sept dents provenant d'une mâchoire de mastodonte fossile, trouvées près de Marti, aux environs de Florence.

www.ingramcontent.com/pod-product-compliance
Lightning Source LLC
Chambersburg PA
CBHW030110230526
45471CB00003B/1353